# ख़्वाबों की हँसी

# ख़्वाबों की हँसी

हरिओम

वाणी प्रकाशन

**वाणी प्रकाशन**
*4695, 21-ए, दरियागंज, नयी दिल्ली 110 002*

शाखा

*अशोक राजपथ, पटना 800 004*

फ़ोनः +91 11 23273167 फ़ैक्सः +91 11 23275710

www.vaniprakashan.in
vaniprakashan@gmail.com
sales@vaniprakashan.in

KHWABON KEE HANSHI
*by* Hari Om

ISBN : 978-93-5072-874-1
Ghazals



प्रथम संस्करण
मूल्य : ₹ 425



*यश प्रिंटोग्राफिक्स, नोएडा-201 301 (उ.प्र.) में मुद्रित*

*वाणी प्रकाशन का लोगो मक़बूल फ़िदा हुसेन की कूची से*

*हिन्दी के सिद्धहस्त मशहूर हास्य कवि*

***स्व. सत्यपाल नांगिया***

*की*

*स्मृति को समर्पित*

*जिन्होंने गुदगुदाने वाली बेहतरीन ग़ज़लें भी लिखी हैं*

# उड़ूँगा रोशनी के पंख लेकर

**ग़ज़लों** की मेरी पहली किताब 'धूप का परचम' सन् 2002 में आयी थी जिसे हिन्दी-उर्दू ज़बान की सियासी, ग़ैर-वाजिब बहसों के बाहर जाकर ग़ज़ल प्रेमियों ने सराहा—खासकर ग़ज़लों के मज़मून और बात कहने के तेवर को लेकर। 'धूप का परचम' पर तमाम समीक्षकों ने दुष्यन्त कुमार का असर देखा और मैं उससे इनकार भी नहीं करता। हिन्दी ग़ज़लों में दुष्यन्त कुमार एक मेयार हैं। मेरे लिए उनकी अहमियत इसलिए भी ज़्यादा है कि वह इलाहाबाद यूनिवर्सिटी के उसी 'अमरनाथ झा होस्टल' में रहा करते थे जहाँ मुझे भी रहकर तालीम हासिल करने का मौक़ा मिला था। इलाहाबाद में रहते हुए वहाँ की रचनात्मक विरासत का एक हिस्सा जाने-अनजाने मेरे भीतर भी उतर आया है और जब बात ग़ज़ल कहने की हो तो स्वाभाविक रूप से दुष्यन्त का अन्दाज़े-बयाँ सबसे पहले आयेगा। यह असर इसलिए भी ज़्यादा सहज था कि लेखन के जरिए जिस संवेदनात्मक और वैचारिक परम्परा को दुष्यन्त आगे बढ़ा रहे थे मेरे जन-सरोकार भी मुझे उसी परम्परा से जोड़ते हैं।

'धूप का परचम' के तकरीबन पन्द्रह बरस बाद ग़ज़लों की यह दूसरी किताब 'ख़्वाबों की हँसी' आपके सामने है। हालाँकि इस बीच मैं ग़ज़लों के अलावा लगातार कहानियाँ और कविताएँ लिखता रहा लेकिन ग़ज़लें मेरे तसव्वुर के दायरे से कभी बाहर नहीं जा सकीं।

उसकी एक वजह यह भी थी कि मेरे भीतर एक गायक, और वह भी ग़ज़ल गायक, ग़ज़लों-नज़्मों और शेरो-शायरी की हमारी परम्परा से गहरी वाबस्तगी बनाये हुए था। शायरी में चन्द लफ़्ज़ों में असरदार बात कहने की ताकत तो है ही साथ ही मौसीक़ी से उसका रिश्ता मेरे लिए उसे और मुफ़ीद बना देता है। इस किताब में मैंने अपनी कुछ नज़्में भी शामिल की हैं। उनमें भी आपको एक लयकारी दिखेगी। मैं अपनी कविताओं में भी एक लय बरतने की कोशिश करता हूँ। मैं मानता रहा हूँ कि कविता कितनी भी छन्द मुक्त हो जाय यह लयकारी ही उसे गद्य बनने से रोकती है। इस लय को कविता की संरचना से अलगाया नहीं जा सकता।

मैं एक लोक सेवक के बतौर आम आदमी के दुःख-दर्दों, उसकी ज़रूरतों-समस्याओं और ज़िन्दगी साधने के उसके जुझारू जज़्बों से रोज़-बरोज़ रू-ब-रू होता रहा हूँ। साथ ही समाज के एक बड़े तबके की ज़िन्दगी दूभर करने वाले सामाजिक-आर्थिक और राजनीतिक हालातों और सन्दर्भों की भी झलक देखता रहा हूँ। साहित्यिक और सांस्कृतिक हस्तक्षेपों के जरिए सामाजिक-राजनीतिक बदलावों की जैसी समझ मुझमें पन्द्रह साल पहले थी यक़ीनन इस दौरान उसमें बदलाव आया है। यह बदलाव 'ख़्वाबों की हँसी' में आपको भी दिखेगा। यहाँ संवेदन और विचार के स्तर पर वैसा उतावलापन और आवेग नहीं मिलेगा जैसा 'धूप का परचम' में दीखता है। बल्कि उसकी जगह शायरी में थोड़ा ठहराव, संजीदगी, सब्र और सादगी दिखेगी। मैं मानता हूँ कि यह मेरी उम्र के साथ-साथ मेरे लेखक के भी बढ़ने और रचनात्मक तौर पर ज़हीन होने का दौर रहा है। इसके बावजूद, मेरे हिसाब से इस किताब में भी मेरे लेखकीय सरोकार वही रहे हैं जो पन्द्रह साल पहले थे। मेरी कोशिश यह रही है कि इस किताब में ग़ज़ल के व्याकरण की ख़ामियाँ न रहें। रदीफ़-काफ़िया दुरुस्त रहे

और भाषा सहज हो जिससे पाठक आसानी से शे'रों के मानी समझ सके। फिर भी अगर कहीं कोई ख़ामी रह गयी हो तो उसे सुधी पाठक नज़रअन्दाज़ करें क्यूँकि मेरी शायरी किसी उस्ताद की सरपरस्ती में नहीं लिखी गयी है।

मैं उन तमाम जगहों, हालातों और दोस्तों का शुक्रगुज़ार हूँ जिनकी बदौलत शायरी मुझमें न सिर्फ़ बची रही है बल्कि बाहर भी आती रही है। यह किताब ज़िन्दगी के एक लम्बे सफर से गुज़र कर मुमकिन हुई है। इस सफ़र में मुश्किलें भी थीं, हादसे और तकलीफ़ें भी थीं लेकिन कुछ ऐसी वजहें भी थीं जो मुझे लगातार आगे बढ़ने का हौसला देती रहीं। उनमें से एक थी ज़िन्दगी के ख़ूबसूरत लम्हों की तलाश। उस सुख की तलाश जो सृजन से मिलता है। जो आपकी वजह से दूसरों के चेहरों पर आने वाली खुशी से मिलता है। दूसरी वजह थी एक ऐसे सामाजिक परिवेश की तामीर का ख़्वाब जिसमें आपसी मोहब्बत हो, अमनो-अमान हो और ज़िन्दा ज़हनों में हो ज़िन्दगी को ख़ूबसूरत बनाने की बेचैनी। कठिन वक़्त में हो बेहतर ज़िन्दगी की उम्मीद बनाये रखने का माद्दा। आख़िर में मैं अपनी शरीके-हयात मालविका (जो खुद अच्छे शे'र कहती हैं) का शुक्रिया अदा करना चाहूँगा जो मेरे ज़्यादातर ग़ज़लों की पहली श्रोता रही हैं और जिनके मशवरों ने मेरी शायरी को यक़ीनन बेहतर बनाया है। मैं वाणी प्रकाशन का भी शुक्रगुज़ार हूँ कि उन्होंने बड़ी ख़ूबसूरती से इस किताब को पाठकों तक पहुँचाया। मैं अपने एक शे'र के साथ अपनी बात पूरी करना चाहूँगा—

*उड़ूँगा रोशनी के पंख लेकर*
*नयी दुनिया का हरकारा हुआ हूँ*

***—हरिओम***

# अनुक्रम

**नज़्में**

# ग़ज़लें

है ताब दिल में कि क़िस्से सभी ज़ुबानी करूँ
ख़याले-इश्क़ की हर्फ़ों में तर्जुमानी करूँ

बड़ी अजीब है दश्तो-चमन की ख़ामोशी
मैं कैसे बोलते पेड़ों की बाग़बानी करूँ

तलाश में हूँ कि मुद्दत से कहीं खोया है
मिले जो जोश मेरा उसमें मैं रवानी करूँ

कभी ये ज़िद कि करूँ ख़ुद को हवाले उसके
कभी ये शौक़ कि उससे ही बदगुमानी करूँ

ये दिले-आशना, नादाँ अजीब ज़िद पे अड़ा
चलूँ मैं अपने ही क़ातिल की मेज़बानी करूँ

वो देखकर मुझे संजीदा समझता होगा
मैं कैसे इल्तिजा-ए-इश्क़ की नादानी करूँ

वो जब भी मुस्कुराए दिल मेरा कहे मुझसे
मैं उसपे होके फ़ना इक हसीं कहानी करूँ

वो जबके दर-बदर मैं, फ़न भी मिरा आवारा
तो कैसे अपना तार्रुफ़ मैं ख़ानदानी करूँ

शर्त रखकर मेरे सिरहाने पर
वो आमादा है आज़माने पर

वफ़ा की जुस्तजू नहीं दिल को
फ़िदा है ये तेरे बहाने पर

उदास बज़्म के तकाज़े थे
तमाम पहरे थे मुस्काने पर

अदा से फेर के नज़रें उसने
लगाया दिल मेरा ठिकाने पर

ख़ुमार उतरेगा ख़ुद आँखों में
लगा दे हाथ तो पैमाने पर

अजीब शै है ख़ामुशी मेरी
और बढ़ जाती है चिल्लाने पर

रहा मैं धार में जब तक तैरा
किनारे पहुँचा डूब जाने पर

ज़ुबां पे दर्दे-जिगर क्या आया
आप तो आ गये सताने पर

ज़ख़्म खाकर मुस्कराती ज़िन्दगी की बात कर
ज़ुल्म की आबो-हवा है ज़ब्तगी की बात कर

मैं तो काफ़िर हूँ मुझे दैरो-हरम से क्या ग़रज़
तू किसी इंसान की पाकीज़गी की बात कर

उम्र के हर मोड़ पर सहरा ही अपने साथ था
धूप अब जलने लगी है तीरगी की बात कर

बाद मुद्दत तू मेरी दहलीज़ का मेहमान है
देख लूँ जी भर तुझे फिर दिल्लगी की बात कर

ये भी मुमकिन है तेरा महबूब हो जाये ख़ुदा
इश्क़ की गर बात कर, दीवानगी की बात कर

आँसुओं से और ज़्यादा बढ़ गया दर्द-ए-फ़िराक़
ढल चुकी है रात अब तो ताज़गी की बात कर

मौत का मातम मनाने की भी तो है इन्तेहा
सूखते हैं अश्क़ अब तो ज़िन्दगी की बात कर

बादलों की गोद बंजर हो गयी है आजकल
आँख से दरिया उठा फिर तिश्नगी की बात कर

वक़्त पे हँसता रहा तो वक़्त तुझको रोयेगा
तू कभी तो मुख़्तलिफ़ संजीदगी की बात कर

और भी आ जाएगी अल्फ़ाज़ में रंगत तेरे
तू कभी बच्चों सरीखी सादगी की बात कर

उदास ख़्वाब-सा दरकूँगा बिखर जाऊँगा
फिर उसके बाद हक़ीक़त-सा निखर जाऊँगा

तेरे क़रार पे गर एतबार हो जाए
मैं सर्द रात की दस्तक पे सिहर जाऊँगा

तुम अपने हाथ में पतवार सम्हालो यारो
मैं थोड़ी देर में लहरों पे उतर जाऊँगा

तेरे निज़ाम की चुप्पी का वास्ता है मुझे
मैं तंग गलियों से चुपचाप गुज़र जाऊँगा

तू नर्म दूब-सा सहरा में अगर बिछ जाये
मैं सर्द ओस की बूँदों-सा छहर जाऊँगा

तमाम घर के झरोखों को बन्द कर लेना
उड़ेगी धूल मैं बस्ती में जिधर जाऊँगा

तू एक रात है लम्बी घनी अँधेरी-सी
मैं एक धूप का परचम हूँ फहर जाऊँगा

ये और बात है वादे न निभ सके मुझसे
ये कब कहा था कि वादों से मुकर जाऊँगा

मैं बेज़ुबां हूँ मगर सख़्त हुकूमत मेरी
मैं एक ख़ौफ़ हूँ आँखों में ठहर जाऊँगा

मैं सोच में तेरे नफ़रत की तरह ज़िन्दा हूँ
मैं जल्द ही किसी तहज़ीब-सा मर जाऊँगा

किनारे बैठ के तूफ़ान उठाने वाले
नहीं ये डूबती कश्ती को बचाने वाले

फ़िज़ां में जल रही तहज़ीब की आतशबाज़ी
बुझे-बुझे से हैं तारीख़ बनाने वाले

वही है तू भी वही हाथ में खंजर तेरे
वही हूँ मैं भी वही ज़ख़्म पुराने वाले

हुए हैं दौड़ में शामिल ये बस दिखावे को
ये शहसवार नहीं जीत के आने वाले

मिले तो राह में हमदर्द हज़ारों लेकिन
नहीं थे दूर तलक साथ निभाने वाले

नमी के फूल निगाहों में उगाते चलना
मिलेंगे और भी राहों में सताने वाले

गुलों की छाँव में बैठे हैं शरीफों की तरह
थके परिन्दे दरख़्तों से उड़ाने वाले

ये आप किनको बुला लाये रंगे-महफ़िल में
ये लोग-बाग़ हैं ताबूत सजाने वाले

जुनूने-इश्क़ नहीं मशगला मुनीमों का
कहाँ टिकेंगे यहाँ जोड़-घटाने वाले

सूने दिन मेरी रातों से कहते हैं
ख़्वाब तुम्हारे अब आँखों में रहते हैं

किसका ग़म है मंज़र सूना-सूना है
किसकी चाहत में ये आँसू बहते हैं

बिछड़े सब रफ़्ता-रफ़्ता, बारी-बारी
हम तन्हाई के आलम में रहते हैं

तुझसे मिलना एक पुरानी बात हुई
मुद्दत से फ़ुरक़त के सदमे सहते हैं

इश्क़ ने तेरे मुझको मालामाल किया
मोती हैं ये आँखों से जो बहते हैं

दिल में दरिया दर्द का उमड़ा आता है
दुःख के परबत जैसे रह-रह ढहते हैं

मेरी तक़दीर का मंज़र तो देखो
तुम्हारे हाथ में खंजर तो देखो

बहारों ने चमन कैसा सजाया
खिले हैं शाख पर पत्थर तो देखो

सहेजे ख़ार तोड़े फूल सारे
मिरे गुलशन का दीदावर तो देखो

हमारे घर में घर जैसा नहीं कुछ
दरो-दीवार का ये घर तो देखो

कहाँ जाती हैं ये बेचैन लहरें
कभी इस धार में बहकर तो देखो

है कितनी धुन्ध बाहर आस्मां में
दरीचों से कभी बाहर तो देखो

चुभे वो दिल में जैसे तीर कोई
मुहब्बत में ज़रा तेवर तो देखो

रहे है ताक में वो रहज़नी के
हमारे दौर का रहबर तो देखो

हदों के पार उमड़ा जा रहा है
मेरी आँखों का ये सागर तो देखो

मोहब्बत में उसे भी लग गया है
नफ़ा-नुक़सान का चक्कर तो देखो

धड़कता है दिले-बेज़ार कैसे
मेरे सीने पे रक्खो सर, तो देखो

अजनबीयत आज की पहचान है
आदमी इस दौर में सामान है

इल्मो-फ़न हो याके फिर तहज़ीब हो
आजकल हर चीज़ की दूकान है

झूठ की बाज़ीगरी के सामने
सच बहुत बेबस, बड़ा हलकान है

तीरगी का जश्न है चारों तरफ़
रौशनी बेज़ार है, बदनाम है

जो भी चीज़ें थीं सभी महँगी हुईं
और जो सस्ता है वो इंसान है

हम हैं, तुम हो और है दौरे-हयात
और अपने बीच रेगिस्तान है

हैं यहाँ हिन्दू-मुसल्मां-सिक्ख-ईस
जो नदारद है वो हिन्दुस्तान है

चौधरी की पग ज़मीं पर क्या गिरी
पूरी बस्ती में मचा तूफ़ान है

रुपये की फ़िक्र जबसे हो गयी
ज़िन्दगी में लुत्फ़ है आराम है

फ़ायदा सेठों के हिस्से रह गया
और महकूमों के हिस्से काम है

आपने वादा किया है वाह-वाह
आपका कितना बड़ा एहसान है

तेरे बग़ैर कौन उठाएगा मेरे ग़म
बेबस हुआ हूँ दर्दे-मोहब्बत में ऐ सनम

मै मुझको बुलाये है तो रोके है बेख़ुदी
होठों पे ताब भी है लरज़ते भी हैं क़दम

साक़ी की ज़िद पे हाथ में थामा है जामे-मै
वरना तेरी क़सम है मैं पीता बहुत हूँ कम

ये शब मेरी साँसों से पिघलती है रोज़-रोज़
ये सुब्हा मेरी आह पे रोये है दम-ब-दम

मौसम पे जो शबाब है महफ़िल पे जो है रंग
सब में तेरा जमाल है तेरा ही है करम

कैसे करूँ मैं ग़ैर से बातें तेरी बता
हैं अपनी दास्ताँ में ज़माने के पेचो-ख़म

फिर से उसी के सामने बाँधे खड़े हैं हाथ
जिसकी सितमगरी के सताये हुए हैं हम

ग़ज़ल सुनाओ कि महफ़िल पे जवानी आये
रुख़-ए-हयात पे रंगत वो पुरानी आये

अजीब दाँव मुहब्बत का उसने खेला है
लबों पे आये हँसी, आँखों में पानी आये

खड़ी है शाम मेरी ज़िन्दगी के सिरहाने
गले लगाओ के साँसों में रवानी आये

मैं जैसे जलती हुई रेत पे चलता राही
वो जैसे रंगमहल में दिले-जानी आये

यूँ ज़िक्र तेरा चला आया ज़ुबां पर मेरे
वो जैसे याद कोई भूली कहानी आये

सवाल कितने उछाले तेरी जानिब मैंने
जवाब कोई तो तेरी भी ज़ुबानी आये

ज़दीद तर्ज़े-सुख़न भी तेरा मोहताज हुआ
तिरे ही ज़िक्र से अश'आर में मानी आये

तू ऐसे साथ मेरे जैसे ग़ज़ल का मतला
मैं वैसे, जैसे कोई मतला-ए-सानी आये

कब फ़िज़ा हमज़ुबां नहीं होती?
कब तेरी दास्ताँ नहीं होती?

अजीब शै है ख़ुशी भी यारों
जहाँ हूँ मैं वहाँ नहीं होती

अकेला मैं कहीं नहीं होता
याद तेरी कहाँ नहीं होती?

लबे-नज़र है मेरी बेचैनी
लबों से ये बयाँ नहीं होती

दश्ते-तनहाई है रेज़ा-रेज़ा
और तस्कीने-जां नहीं होती

मेरी गुज़र वहाँ पे हो कैसे
तेरी ख़बर जहाँ नहीं होती

हयात यूँ भी बदगुमाँ मुझसे
अज़ल भी मेहरबां नहीं होती

चाँद ने अंजुमन सजाई है
चाँदनी हुस्न में नहाई है

झूमते नाचते सितारे हैं
कैसी पुरकैफ़ रौशनाई है

सुरूर है बिना पिए मुझको
दिले-अज़ीज़ ये तन्हाई है

फ़िज़ा भी मुन्तज़िर हुई तेरी
नज़र भी आ, तेरी दुहाई है

हरेक शै में दिखे तू मुझको
बड़ी अजीब ये बीनाई है

जगी पड़ी है मेरी बेताबी
और शब ने भरी अँगड़ाई है

तेरे बग़ैर नहीं लम्हा भर क़रार मुझे
मैं बेक़रार हूँ, आ ज़िन्दगी सँवार मुझे

तेरी सदाओं का मुद्दत से इन्तज़ार मुझे
कभी ऐ हर्फ़-ए-जुनूं तू भी तो पुकार मुझे

तेरे जमाल की रंगीनियों में डूबी सहर
तेरे ख़ुमार का हर शब है इन्तज़ार मुझे

खज़फ़ था मैं मुझे मोती बना दिया तूने
नहीं था तेरी इनायत पे एतबार मुझे

कभी-कभार सरे-बज़्म तेरा नाम लूँ मैं
दिले-अज़ीज़ मिले इतना इख़्तियार मुझे

अभी ये जाम निगाहों से दूर रख साक़ी
अभी तसव्वुर-ए-जानां का है ख़ुमार मुझे

उदास लम्हों का इक रोज़ करूँ पूरा हिसाब
तू रत्ती भर भी हँसी दे अगर उधार मुझे

कोई गुनाह जो ख़ैंचे है बारहा मुझको
कोई सवाब जो रोके है बार-बार मुझे

कोई मुझे बताए कहाँ जा रहा हूँ मैं
क्यूँ बैठे-बिठाए फ़रेब खा रहा हूँ मैं

ये कैसी पुरख़ुलूस निगाहों की चमक है
बेइख्तियार ख़ुद पे खिंचा जा रहा हूँ मैं

मुद्दत से हूँ वाक़िफ़ तेरे अंजाम-ए-इश्क़ से
फिर भी दिल-ए-नादान को बहला रहा हूँ मैं

ये भी गज़ब है चाक ग़मों से है दिल मगर
दुनिया को ख़ुशमिज़ाज नज़र आ रहा हूँ मैं

वो छू गया है मेरा तसव्वुर कुछ इस तरह
ख़ुशबू-सा हवाओं में बिखरता रहा हूँ मैं

कहते हैं वो मैं इश्क़ के क़ाबिल नहीं रहा
फिर कहते हैं तक़दीर आज़मा रहा हूँ मैं

मैं गुल था मेरी ख़ुशबुएँ कलतक फ़िज़ा में थीं
अब होके फ़ना खाक़ को महका रहा हूँ मैं

सीले हुए हालात में उम्मीद जलाकर
इक नग़मा-ए-जज़्बात को दहका रहा हूँ मैं

खिलते हुए लफ़्ज़ों का शजर कोई उगाकर
ख़ामोश परिन्दों को भी चहका रहा हूँ मैं

फिर से जलाओ शम्मे-सुख़न चश्म-ए-शब में
मुश्ताक़ सहर से कहो बस आ रहा हूँ मैं

ये शहर किस ओर बेदम भागता-सा जा रहा
हर बशर अपनी ही परछाईं से धोखा खा रहा

टूटकर बिखरे हुए हैं आँसुओं के आईने
और दर्दे-अक्स भी टूटा रहा, बिखरा रहा

चीख फिर सूखे लबों पर ज़ख़्म गहरे दे गयी
ये ज़मीं सोती रही और आस्मां ठहरा रहा

खौफ़ज़द है हर परिन्दा इस चमन का दोस्तों
टूटकर सोता रहा है चौंक कर उठता रहा

जल्द ही निकलेगा बेशक़ मुश्किलों का हल कोई
मुश्किलों से ज़िन्दगी का फ़लसफ़ा टकरा रहा

फिर घना हो जायगा कुहरा फ़िज़ाओं में बहुत
बादलों के दरमियाँ सूरज बड़ा सहमा रहा

अब मुझे रोने चली हैं बारिशें बेइन्तहा
मेरी उम्मीदों का सहरा मुद्दतों सूखा रहा

तुमने मेरी आँखों में क्या देखा है
कोई चेहरा चाँद सरीखा देखा है

ज़ुल्फ़ घनेरी गहरी काली बदली है
बदली में इक चाँद छुपा है देखा है

उसकी आँखों में इक दरिया ठहरा है
वो दरिया मुझमें बहता है देखा है

होंठों पर खिलती हैं फूलों-सी बातें
ख़ुशबू को होठों से झरते देखा है

वो मेरी है दुनिया मुझसे कहती है
मेरे हाथों में क़िस्मत की रेखा है

मेरी यादों में उसकी तस्वीरें हैं
तस्वीरों के रंग बिखरते देखा है

धूप खिली है आँखों में हल्की-हल्की
छाँव है पलकों के साये में देखा है

रंग की बातों का कुछ तो हो असर
इन मुलाक़ातों का कुछ तो हो असर

मेरे अश्क़ों से सबा पुरकैफ़ हो
हिज्र की रातों का कुछ तो हो असर

खुश्कियाँ आँखों की कुछ तो दूर हों
नीम-बरसातों का कुछ तो हो असर

चाँद उतरे फिर मेरे आग़ोश में
मेहरबां रातों का कुछ तो हो असर

बर्ग-ए-गुल बिखरे तसव्वुर में मेरे
सुर्ख जज़्बातों का कुछ तो हो असर

तू कहे तो ये भी कह के देख लूँ
'मेरे हालातों का कुछ तो हो असर'

फ़िज़ा में तेरी अदा रंगों-आब बाक़ी है
हवा में तेरा असर बेहिसाब बाक़ी है

हुआ तू बेनकाब भी तो इस करीने से
के रुख़ पे तेरे हया का हिजाब बाक़ी है

कहूँ तो कैसे हक़ीक़त की सर्द रातों में
एक पोशीदा सुलगता-सा ख़्वाब बाक़ी है

रुके हुए हैं ज़ुबां पर मेरे सवाल कई
पर उससे पेश्तर तेरा जवाब बाक़ी है

मैं लेके चाँद जो पहुँचा हुज़ूर में उनके
कहा उन्होंने अभी आफ़ताब बाक़ी है

जिधर भी देखिये जल्दी है, हड़बड़ी-सी है
लगे है ऐसा के दौरे-अज़ाब बाक़ी है

उदासियों के वजूहात गिनाएँ कितने
पते की बात अभी इन्क़लाब बाक़ी है

उदास बज़्मे-तसव्वुर तेरे असर में है
तेरे बग़ैर मेरा हाल मुख़्तसर में है

तमाम शब जो नमी बनके निगाहों में रहा
वो एक लम्हा अभी तक मेरी सहर में है

वो अर्ज़े-हुस्न, वो गेसू, वो तबस्सुम तौबा
मगर वो लुत्फ़ कहाँ है जो चश्मे-तर में है

वो कोई जाके ज़माने को बताए आख़िर
हूँ दिल में उसके मैं और वो मेरी नज़र में है

ये मर्ज़े-इश्क़ गोया दर्दे-बेमुरव्वत है
न आधी रात सुकूं है, न दोपहर में है

करेगा कौन रंगो-नूर की बातें तुझसे
अजीब रंज का मौसम तेरे शहर में है

दुआ करो कि ये दीवानगी रहे बाक़ी
वो लहरे-बेदिली सी आजकल जिगर में है

बेख़ुदी की बात थी और कुछ न था
बेमेहर इक रात थी और कुछ न था

इश्क़ की बाज़ी में अबकी बार भी
आशिकों की मात थी और कुछ न था

मेरे और उसके तार्रुफ में फ़क़त
मेरी-उसकी ज़ात थी और कुछ न था

हम जहाँ घर का पता खोजा किये
तर्ज़े-तामीरात थी और कुछ न था

उसके होंठों पर हमारे वास्ते
बस दुआ इफ़रात थी और कुछ न था

धड़कनों में तेरा ग़म, तेरी ख़ुशी
तेरी ही बारात थी और कुछ न था

ज़िन्दगी, यूँ भी न था तनहा कटी
याद तेरी साथ थी और कुछ न था

कभी तो दर से तेरे मेरी रहगुज़र निकले
कभी तो वस्ल की हसरत का कुछ असर निकले

कभी ये चाँद करे मेरा तसव्वुर रोशन
औ' तेरी ज़ुल्फ़ के पेचों से ये नज़र निकले

तमाम उम्र रहे इश्क़ की परदादारी
जुनून-ए-इश्क़ जो निकले तो इस क़दर निकले

हूँ शाम-ए-ग़म के तक़ाज़ों का मुंतज़िर मैं भी
वो पहले आँखों से ये शबनमी सहर निकले

उड़ूँ मैं रंग-ए-उफ़क़ पर मिज़ाजे-खुश्बू बन
कभी उदास हवाओं का ये मंज़र निकले

वो मुझपे जब भी हुई नज़रे-इनायत तेरी
मेरे हिसार को साये तेरे छूकर निकले

मैं चोट खाके जिन्हें कोस रहा था दिल में
हमारे दौर के वो क़ीमती पत्थर निकले

सियाह रात के कानों में आसमां ने कहा
'नये परिन्दों को फिर रोशनी के पर निकले'

इश्क़ की इन्तहा हो गयी
ये ख़लिश बे-दवा हो गयी

जब थमी ख़्वाहिशों की ज़ुबां
ख़ामोशी पुरनवा हो गयी

तेरी यादों में शब घुल गयी
आँखों-आँखों सुब्हा हो गयी

रोशनी पर लिखी दास्ताँ
तीरागी की ज़ुबां हो गयी

एक तुम क्या गये रूठकर
ये फ़िज़ा क्या से क्या हो गयी

मैं मुहब्बत में मजबूर था
जाने कैसी ख़ता हो गयी

तुझको पाने की उम्मीद में
उम्र जैसे हवा हो गयी

रूह यूँ इश्क़ से तर हुई
ज़िन्दगी फ़लसफ़ा हो गयी

मैं तेरे प्यार का मारा हुआ हूँ
सिकन्दर हूँ मगर हारा हुआ हूँ

ज़मीं से आस्मां तक मैं ही मैं हूँ
मैं तुझमें हूँ, मैं आवारा हुआ हूँ

मैं ख़ुद ही राह हूँ, हमराह ख़ुद ही
मैं ख़ुद मंज़िल, मैं बंजारा हुआ हूँ

उड़ूँगा रोशनी के पंख लेकर
नयी दुनिया का हरकारा हुआ हूँ

मुरादें माँग ले ऐ दोस्त तू भी
मैं इक टूटा हुआ तारा हुआ हूँ

मैं जलता हूँ कि उम्मीदें हों रोशन
मैं बुझता हूँ, मैं अँधियारा हुआ हूँ

मैं बज़्मे-नाउम्मीदी में दुआ-सा
चमकता कोई उजियारा हुआ हूँ

तू जैसे दिल में उठती धुन फकीरी
मैं जैसे कोई इकतारा हुआ हूँ

मेरे पहलू में चारागर है मेरा
ख़ुदाया क्यूँ मैं बेचारा हुआ हूँ

धुन्ध के उस पार देखा कीजिए
रौशनी की धार देखा कीजिए

हाथ दिखते हैं सभी के एक से
हाथ के हथियार देखा कीजिए

यूँ तो पहले-सा है सब कुछ आज भी
वक़्त के आसार देखा कीजिए

है ज़रूरी दूरियों पर सोचना
अपनी भी रफ़्तार देखा कीजिए

खूब है गर है ज़माने भर की फ़िक्र
अपना भी घर-बार देखा कीजिए

फिर वही मंज़र रुलाता है मुझे
क्यूँ उसे हर बार देखा कीजिए?

तरकश के तीर वक़्त पे ख़ाली निकल गये
जिनपे था एतबार वो अक्सर बदल गये

पहले हमारे दिल में भी थोड़ी-सी तड़प थी
अब हम भी ज़माने की रिवायत में ढल गये

फिर हमको इसी बात से तस्कीन हो गयी
हो सकते थे जो हादसे फ़िलहाल टल गये

हम आँधियों में पाँव जमाने में रह गये
जिनको ख़बर थी वक़्त से पहले सँभल गये

फिर शाम मुझको आके किसी ने जला दिया
फिर फ़ुरसतों की आँच में लम्हे पिघल गये

फिर ज़िन्दगी की बात अधूरी ही रह गयी
दुश्वारियों के इतने फ़साने उछल गये

मेरे लफ़्ज़ों के क़ाबिल कोई पैकर
नहीं आया अभी तैयार होकर

न पूछो मुश्किलों की दास्तानें
ज़मीं पायी है ये आकाश खोकर

जहाँ में हर बुलन्दी की वजह है
उठा होगा कोई हर बार गिरकर

मैं परबत काटता हूँ आँसुओं से
ये दरिया फूटता है मुझसे होकर

सदी का सबसे आलीशान लम्हा
उठा है बस अभी चुपचाप सोकर

ये नग़्मा वक़्त की ताज़ा रिवायत
कोई इतिहास बन जाये तो बेहतर

ख़फ़ा है मुझसे तो आँखों में आब पैदा कर
मेरे नसीब में दौर-ए-अज़ाब पैदा कर

मुझे सुकून के लम्हात बुरे लगते हैं
मेरे वजूद में सौ इन्क़लाब पैदा कर

सवाल जलते हुए ज़हन में उभरते हैं
किसी सवाल का कुछ तो जवाब पैदा कर

है फ़न पे अपने अगर नाज़ तुझे तो आ चल
तमाम बच्चों के घर माहताब पैदा कर

उम्मीद लेके मुख़ातिब है अंजुमन कबसे
ख़तीब दे कोई कोई ख़िताब पैदा कर

ये तेरी सर्द-ख़याली मुझे सुला देगी
ऐ जज़्बे-दिल जिगर में इज़्तिराब पैदा कर

अगर ये ज़ुल्म-ओ-तबाही है नागवार तुझे
दिलों में सोज़ो-तड़प बेहिसाब पैदा कर

वो खो गया है गये वक़्त की सिम्तों में कहीं
नया रक़ीब कोई ज़ेरे-ख़्वाब पैदा कर

लबों से अब यही दुआ निकले
बुतों से कोई तो ख़ुदा निकले

बात निकली तो है मगर लोगों
बात का कुछ तो नतीजा निकले

हिज्र के क़ायदे बता देना
वस्ल का पहले तरीक़ा निकले

हमारा जिस्म भी बेचेहरा था
तड़प थी कोई तो चेहरा निकले

मुश्किलें हैं तो रहेंगी बेशक
कोशिशें हैं कि रास्ता निकले

पुरनवा हो उठेंगे सन्नाटे
शर्त ये है कोई सदा निकले

ये ज़ीस्त उलझनों में खोई है
कहीं से कोई फ़लसफ़ा निकले

सभी से दुश्मनी रक्खी नहीं है
अभी इतनी ख़ुशी अच्छी नहीं है

उठाकर धूप में रख दो सुबह ये
हवा में ताज़गी लगती नहीं है

उतरना देखकर कंकड़ बड़े हैं
नदी की गोद रेतीली नहीं है

नयी पीढ़ी को ये क्या हो गया है
जवानी में भी मौसीक़ी नहीं है

जला दो रात की ख़ामोशियाँ सब
अँधेरों से सदा आती नहीं है

सराहेंगे खरोचें कब तलक हम
कोई बंदिश अभी टूटी नहीं है

उन्हें अबतक भी हमसे रब्तगी है
मगर वो बात पहले-सी नहीं है

हमारे वक़्त की ये ख़ासियत है
कोई भी लम्हा तारीख़ी नहीं है

अजब सर्कस है दुनिया ज़िन्दगी साधे हुए हैं हम
रिवाज़ों की हैं बन्दूकें कई, काँधे हुए हैं हम

मेरे पीछे उदासी है, मेरे आगे है तन्हाई
है मुश्किल वक़्त लेकिन हौसला बाँधे हुए हैं हम

हुई हैं ख़ुश्क आँखें पर मेरे अल्फ़ाज़ भीगे हैं
जिगर में सिसकियों को इस क़दर राँधे हुए हैं हम

सियासत के लिए झगड़े हैं, बलवा, क़त्लो-ग़ारत है
सरे-बाज़ार अब तहज़ीब को नाधे हुए हैं हम

कोई रहमत कभी आकर बदल देगी जहाँ अपना
इसी उम्मीद पर पत्थर भी आराधे हुए हैं हम

आँखों में समाये हुए मंज़र की तरह हूँ
इक बूँद हूँ आँसू की, समन्दर की तरह हूँ

फ़ितरत ये मेरी ख़ुद मेरे क़ाबू में कहाँ है
शीशे की तरह हूँ कभी पत्थर की तरह हूँ

चिड़ियों का पता पूछता रहता हूँ हवा से
मैं तन्हा पहाड़ों में सनोबर की तरह हूँ

उम्मीद की रौनक जहाँ ख़्वाबों की हँसी है
नाशादगी के दौर में उस घर की तरह हूँ

बेचैनियाँ तलाशता फिरता हूँ दर-बदर
चैनो-अमन के शोर में शा'इर की तरह हूँ

तू मुझमें उमड़ता हुआ इक रंग का दर्या
मैं तुझसे सराबोर मुसव्वर की तरह हूँ

मुझको सम्हालना के ज़माना ख़राब है
दौर-ए-फ़रेब-ओ-मक्र में ज़ेवर की तरह हूँ

बिखरा हूँ मगर दिल में तेरी याद बची है
टूटा हूँ मगर इश्क़ के तेवर की तरह हूँ

सूनी आँखें सूना आँगन
दोपहरी-सा दहका दामन

दिन की ऊँची दीवारों पर
रातें चढ़ती जातीं सन-सन

भीगी पलकें सूखे जंगल
अबके जाने कैसा सावन

ज़र्रा-ज़र्रा उड़ती धरती
रेशा-रेशा जलता मधुबन

तन्हाई की बज़्म सजी है
ग़म के घुँघरू बाजे छनछन

कुंकुम चन्दन काजल कंगन
बेचैनी में टूटा दरपन

चाँदी जैसी तेरी बातें
तेरी ख़ामोशी थी कंचन

तुझमें डूबी हैं ये साँसें
तुझमें खोई है ये धड़कन

याद तुम्हारी ऐसे आती
जैसे आती मीठी सिहरन

मेरी आँखों में तुम ऐसे
जैसे साँसों में ये जीवन

महफ़िल-महफ़िल मैख़ाने की बात चली
साक़ी की और पैमाने की बात चली

फिर साँसों में ताज़ी सुबहो महकी है
आँखों में फिर भीनी-भीनी रात चली

इक मुद्दत से भूला बैठा था तुझको
आज तुम्हारी यादों की बारात चली

इश्क़ का दर्या फिर मस्ती में झूम उठा
लहरों में फिर बह जाने की बात चली

शम्में भी फिर सीनों में पुरनूर हुईं
आँखों-आँखों परवाने की बात चली

लगता है फिर ग़म कोई सहना होगा
यारों में फिर याराने की बात चली

जाने कैसी रुत है कैसा मौसम है
बस्ती-बस्ती वीराने की बात चली

रंजिश से जी ऊब गया तो लोगों में
उलझे रिश्ते सुलझाने की बात चली

वो तेरे बाद जाने कैसी तो ये ज़िन्दगी होगी
कहाँ रोशन शमा होगी कहाँ ये तीरगी होगी

तेरी चाहत का जो हासिल बयां उसका नहीं कोई
कहाँ अब वैसी बेताबी कहाँ वो तिश्नगी होगी

छुपाकर दर्द-ए-दिल हँसना-हँसाना भी बुरी लत है
मैं सोचूँ कैसे मुझको ये बुरी आदत लगी होगी

मोहब्बत की फुहारों ने भिगोया है मेरा दामन
ज़माना कुछ करे मुझमें बची शाइस्तगी होगी

मेरा रिश्ता हवा और धूप से इतना पुराना है
बता सकता हूँ किस घर में कहाँ पे ताज़गी होगी

चमक से ऊब जाए दिल तो इस जानिब चले आना
मिरे घर हो न हो कुछ और लेकिन सादगी होगी

उधर अक्सर मोहल्ले भर के बच्चे शोर करते हैं
उधर देखो वहाँ पर धूप सजदे से लगी होगी

उठाया उसने दर से जो तो मैं राहों में जा बैठा
लगा मुझको मेरे महबूब ने की दिल्लगी होगी

तिरे ग़म को हिफ़ाज़त से बचा रखा है आँखों में
अँधेरे जब घने होंगे तो नूर-ए-चश्मगी होगी

○

तुम्हारे नाम से वाबस्ता मेरा नाम रहने दो
ग़रज़ इतनी ज़माने में मुझे बदनाम रहने दो

मुझे कब वास्ता शोहरत से जश्न-ए-कामयाबी से
मुझे बरबाद होने दो मुझे नाकाम रहने दो

अभी होंठों पे मेरे तिश्नगी का रंग ठहरा है
ख़ुदा के वास्ते ख़ाली अभी ये जाम रहने दो

ताल्लुक़ तोड़ना चाहो तो तोड़ो पर गुज़ारिश है
मेरे सर पर गुनाह-ए-इश्क़ का इल्ज़ाम रहने दो

मेरी राहों के काँटों ने सबक़ ऐसा दिया मुझको
मेरे दिल ने कहा मुझसे अभी आराम रहने दो

मेरी आहें उसे ख़ुद मेरे मरने का पता देंगी
मेरे क़ातिल को मेरी मौत का पैग़ाम रहने दो

तुम्हारे नाम कर रक्खी है सारी ज़िन्दगी मैंने
मेरे हिस्से में अपने नाम की ये शाम रहने दो

ये रंज-ओ-दर्द का आलम कभी बदला भी नहीं
और तू साथ न था, माजरा ऐसा भी नहीं

यूँ अक्स तेरा तसव्वुर में लरज़ता है मेरे
वो जैसे लम्हा जो गुज़रा भी हो, गुज़रा भी नहीं

मैं काम का तेरे होता भी तो क्योंकर होता
बुरा भी मैं नहीं हूँ, और मैं अच्छा भी नहीं

है अपने गिर्द भी तनहाइयों का इक मंज़र
तू जितना सोचता है उतना मैं तनहा भी नहीं

सफ़ेद रात हो जैसे, सियाह दिन हों मेरे
तेरे फ़िराक़ में कुछ साफ़ दीखता भी नहीं

ख़ूब आबाद हैं वीरानियाँ दिल में मेरे
मुख़्तलिफ़ इनका कोई और बसेरा भी नहीं

वो उम्र-सा दबे पाँवों गुज़र गया जैसे
मैं धुन में अपनी था मैंने उसे देखा भी नहीं

अजब तो रहनुमाई हो रही है
ग़ज़ब तो बेहयाई हो रही है

बेचारी देश की मजबूर जनता
हुकूमत की लुगाई हो रही है

सियासत गोद में सेठों के बैठी
मज़े में मुँह-दिखाई हो रही है

हुआ मुफ़लिस तो लेमनचूस जैसे
जिधर देखो चुसाई हो रही है

वज़ीर-ए-सद्र ने सीखी मुनीमी
वसूली पाई-पाई हो रही है

दुआ क्या बैद को बीमार ने दी
बड़ी महँगी दवाई हो रही है

जवानी मुल्क की डिजिटल हुई है
फटाफट आशनाई हो रही है

तरक्क़ी जब से मोबाइल हुई है
ग़रीबी घर-जमाई हो रही है

सजाकर अंजुमन कूड़े की देखो
भला कैसे सफाई हो रही है

नदी तालाब बनती जा रही है
तली में इतनी काई हो रही है

सफ़र है ज़िन्दगी इसमें कोई मंज़िल नहीं है
ये साँसों का समन्दर है यहाँ साहिल नहीं है

तेरे होने के एहसासात से ही दिल भरा है
है ऐसा कौन-सा ग़म जो इसे हासिल नहीं है

ज़माने से है यूँ ही बेज़ुबां, बेजान, बेबस
सुनो, देखो ये बुत फ़रियाद के क़ाबिल नहीं है

मज़ा जीने का आए भी तो कैसे ज़िन्दगी में
फ़ना होने की हसरत इसमें जब शामिल नहीं है

मेरे आगे था वो सीने में पीछे एक हलचल थी
जहाँ होता था पहलू में वहाँ अब दिल नहीं है

मेरे मुंसफ़ का मुद्दत बाद आख़िर फ़ैसला आया
कोई भी शख़्स मेरे क़त्ल में शामिल नहीं है

हुई जाती है रस्मे-ज़िन्दगी दुश्वार अब बेशक
अगरचे आजकल मरना कोई मुश्किल नहीं है

जबां है तल्ख और सीने में जिनके जज़्ब नफ़रत है
सनद तारीख़ है ऐसों का मुस्तकबिल नहीं है

मेरी आँखों में उम्मीदे-हक़ीक़त का नशा-सा है
मेरे लायक़ अभी ख़्वाबों की ये महफ़िल नहीं है

मुझे कुछ यूँ तेरी आदत पड़ी है
तू जैसे रूबरू हरदम खड़ी है

मेरी मायूस शामों के फ़लक पर
तुम्हारी याद जैसे फुलझड़ी है

घुली जाती है बेनूरी फ़िज़ा में
शबे-फुरक़त निगाहों में अड़ी है

मेरे अल्फ़ाज़ मोती हो गये हैं
तेरा ग़म एक जादू की छड़ी है

तरन्नुम बख़्शता हूँ मैं तुम्हें भी
ये ख़ुद को गुनगुनाने की घड़ी है

तुम्हें बाँहों में भरना चाहता हूँ
मेरे हाथों में लेकिन हथकड़ी है

मेरा होना तेरे होने का हासिल
तेरे होने में ही मुश्किल बड़ी है

तसव्वुर में ख़ुशी पाने की आदत
बड़ी बेकार ये आदत पड़ी है

जुदा वक़्तों ने तुझसे कर दिया, पर
हमारे बीच लम्हों की लड़ी है

ख़यालों में तुम्हारा अक्स जैसे
कोई उम्मीद आँखों में जड़ी है

हमारे और उसके दरमियाँ अब
ख़ामोशी ही फ़क़त साझा कड़ी है

मेरे लफ़्जों से ख़ुशबू आ रही है
मेरा फ़न एक जादू की छड़ी है

रुस्वाइयों का दर्द भुलायेंगे किस तरह
आँखें ये अश्क़बार छिपाएँगे किस तरह

शहरो-चमन से चलके बीराने में आ गये
उजड़े हुए दयार बसायेंगे किस तरह

दोज़ख से निकलने में ज़माने गुज़र गये
जन्नत तो बड़ी दूर है जायेंगे किस तरह

शीशे के साथ अक्स भी तकसीम हो गया
बिखरा हुआ वजूद बनायेंगे किस तरह

आया वो मेरे साथ तो ये फ़िक्र हो गयी
रिश्तों का एतबार निभायेंगे किस तरह

जो भी दिखे है अजनबी शै-सा दिखे मुझे
ग़ैरों से रफ़्त-ज़ब्त बढ़ाएँगे किस तरह

ये तो अमन की तेज़ फुहारों का दौर है
जलते हुए सवाल उठाएँगे किस तरह

तिश्नालबी ने दिल को सरे-दश्त कर दिया
चश्मो-जिगर की प्यास बुझायेंगे किस तरह

तुमने उन्हें नग़्मे दिये, जज़्बे दिये मगर
गूँगे ग़दर के गीत सुनायेंगे किस तरह

ख़्वाहिश जिन्हें है आँच की उनसे पता करो
चिंगारियों से राख हटायेंगे किस तरह

सोचा किये अदीब 'ज़माना ख़राब है'
होंठों पे तबस्सुम को बचायेंगे किस तरह

शब-ए-हयात चराग़-ए-निगाह जलने दो
बहुत क़रीब है मंज़िल ज़रा सम्हलने दो

ये हाथ अपना मेरे हाथ में दे दो पलभर
ग़मों की बर्फ़ जमी है ज़रा पिघलने दो

है तुमको हक़ मेरे इसरार से इनकार करो
मगर ये हसरतों की गेंद कुछ उछलने दो

ये तिफ़्ल जल्द ही सब ख़्वाब भूल जाएँगे
अभी तो इनको चाँद के लिए मचलने दो

यक़ीन मुझको नहीं है के मेरे पास हो तुम
ये ख़्वाब ही सही दिल को मेरे बहलने दो

कभी निगाहो-जबीं पर भी उतारो सूरज
कभी तो सोज़े-जुनूं से ज़मीं पिघलने दो

है इल्म किसको के मंज़िल है कितनी दूर अभी
गिरे हुओं को अपने आप ही सम्हलने दो

वो जैसे रेत पे पानी की चमक का जादू
उसे तो यूँ ही मेरी तिश्नगी को छलने दो

ये चर्चे-मयकशी, हुस्नो-शबाब की बातें
मेरे शिकस्ता-दिल को मुद्द'आ बदलने दो

अभी ये रात उजालों से भीग जायेगी
बस एक बार सितारों को आँख मलने दो

ये रोज़ो-शब के तक़ाज़े ये फ़िक्र के सदमे
मेरी रगों में इन्हें इश्क़ बनके गलने दो

ये राजपाट ये रुतबे ये हवेली ये महल
इन्हें अवाम के क़दमों तले कुचलने दो

आँखों में इक़रार नहीं है
कह दो हमसे प्यार नहीं है

इश्क़ इबादत, इश्क़ जुनूं है
कोई कारोबार नहीं है

उल्फ़त की बाज़ी ऐसी है
हारे भी तो हार नहीं है

दिल में मेरे दर्द का मंज़र
खुशियों का संसार नहीं है

तूफां में है कश्ती दिल की
कोई पारावार नहीं है

दिल आवारा, दिल बंजारा
रहने को घर-बार नहीं है

आशिक़-दिल तेरे कूचे से
उठने को तैयार नहीं है

सारे मौसम चाहत के हैं
ये रुत भी बेकार नहीं है

मेरे टूटे दिल का यारों
कोई दावेदार नहीं है

सारी दुनिया हासिल मुझको
एक तुम्हारा प्यार नहीं है

तुम्हारी धूप है, मेरा सवेरा
तुम्हारी शाम है, मेरा अँधेरा

दरख़्तों पर शहर सोये हुए हैं
ज़मीं पर है परिन्दों का बसेरा

सफ़ीनों पर बड़ा रीझा समन्दर
हवा ने जब लबों पर हाथ फेरा

है फ़ितरत में मेरे ख़ानाबदोशी
लिए भटकूँ मैं सर पे अपना डेरा

मेरी मायूसियों को लूटता है
बड़ा मासूम है मेरा लुटेरा

ये बेचैनी भला आयी कहाँ से
कोई रिश्ता तो होगा तेरा-मेरा

चलो हम बाँट लें रस्मे-मोहब्बत
तुम्हारी मुस्कराहट, दर्द मेरा

सर्द हवा है भीनी-भीनी धूप फ़िज़ा में छाई है
ऐसे लम्हों में इस दिल को याद तुम्हारी आई है

ताज़ा चोटें हैं आँखों में फूल नमी के ताज़ा हैं
ताज़ा हैं फुरक़त के सदमे ताज़ा ये तन्हाई है

तूफाँ से क्या डरना अब लहरों की भी परवाह नहीं
चाहत के सागर में हमने दिल की नाव चलाई है

मंज़िल की है फ़िक्र कहाँ अब इश्क़-जुनूं की राहों में
दीवानों ने मंज़िल से आगे भी राह बनाई है

मैंने बातों-बातों में ही अपने दिल का हाल कहा
तुमने बातों-बातों में ही कैसी बात बनाई है

आने वाली रुत का आलम जो हो देखा जायगा
जाने वाली रुत ने दिल में मीठी आस जगाई है

मिलते ही नज़रें फ़ौरन मुँह अपना उसने फेर लिया
लगता है जलने वालों ने फिर से आग लगाई है

हम ज़मीं की तलाश करते हैं
वो आसमां की बात करते हैं

दर्द बिकता नहीं ज़माने में
बेसबब वो गुहार करते हैं

मुराद है बँधी जिस तारे से
उसी के टूटने से डरते हैं

हमारी ज़िन्दगी भी क्या यारों
किसी के दम पे जीते-मरते हैं

गया वो दिल से दिल हुआ वीरां
हम उसकी यादों से दिल भरते हैं

देखकर सुरमई आँखें उनकी
यार सब जांनिसार करते हैं

ये शेर दिल के दाग़ हैं मेरे
ये दाग़ तुमको नज्र करते हैं

ढलने लगी है रात करें भी तो क्या करें
तू भी नहीं है साथ करें भी तो क्या करें

हाथों में जाम लब पे नमी आँसुओं की है
फिर भी बुझे न प्यास करें भी तो क्या करें

चाहूँ मैं तेरे चाँद से चेहरे को चूमना
तारे हैं आस-पास करें भी तो क्या करें

हमने छुपाई लाख मुहब्बत की दास्ताँ
छुपती नहीं ये बात करें भी तो क्या करें

तुम क्या गये कि सबकी निगाहें बदल गयीं
हम हो गये उदास करें भी तो क्या करें

हमने बिसाते-इश्क़ पे जब भी लगाया दिल
हमको मिली है मात करें भी तो क्या करें

मेरे होने का पता दे मुझको
ज़िन्दगी ख़ुद से मिला दे मुझको

तू नहीं है तो तेरा ग़म ही सही
दिल लगाने की वजा दे मुझको

इश्क़ है तुझसे तो इक़रार भी है
जुर्म है ये तो सज़ा दे मुझको

अब मेरा हाल है तेरे आगे
दर्द दे या कि दवा दे मुझको

मैं कोई भूला-सा लम्हा जैसे
तू कभी मुड़के सदा दे मुझको

तू बड़े शौक़ से दिल मेरा दुखा
बस ख़ता मेरी बता दे मुझको

दर्द हो दिल में हँसी होंठों पर
ये हुनर थोड़ा सिखा दे मुझको

मैं तेरी बज़्म में ख़ाली-ख़ाली
कोई ख़िदमत हो, बता दे मुझको

दिल दीवाना तेरे नग्में गाता है
जाने कैसे-कैसे ख़्वाब दिखाता है

जादू-सा है कोई मंज़र आँखों में
कैसे-कैसे वो मुझको भरमाता है

क्या बतलाएँ कैसा है महबूब मेरा
वादे कर-करके मुझको बहलाता है

मुद्दत से तेरी यादों का इक साया
मेरे सूने दिल में आता-जाता है

तेरी शोख़ निगाहों का जादू मुझको
आवारा दहलीज़ों तक ले जाता है

मत पूछो राहे-उल्फ़त के अफ़साने
ग़म का सागर आँखों तक आ जाता है

इस दिल की फ़ितरत ही ऐसी है यारों
सुलझी बातों को फिर से उलझाता है

पत्तियों पर ख़ून की बूँदें नज़र आने लगीं
गुलशनों में ख़ुशबुएँ फूलों से घबराने लगीं

जल रही है धूप, बैठी छाँव में प्यासी हवा
धुन्ध की ऊँची सलीबें मर्सिया गाने लगीं

ख़ुद को हमने यूँ सरे बाज़ार नंगा कर लिया
अब हमें तारीख़ की गुस्ताखियाँ भाने लगीं

बादलों ने ख़ौफ़ से अपनी निगाहें मूँद लीं
बिजलियाँ जब बस्तियों पर क़हर बरपाने लगीं

सच किसी ज़ख़्मी परिन्दे-सा ज़मीं पर है पड़ा
आसमां तक झूठ की परछाइयाँ जाने लगीं

रेत के आग़ोश में गुम हो गये जंगल सभी
झाड़ियों से जुगनुओं की सिसकियाँ आने लगीं

इक ज़रा लहरों की आँखों में शराफ़त क्या दिखी
कश्तियाँ सागर की छाती चीर कर जाने लगीं

वो जिस रविश से चले कोई गुल खिला के चले
नज़र उठा के चले या नज़र झुका के चले

कोई भी बज़्म हो दौर-ए-शबाब तब आया
मेरे हुज़ूर जो आहिस्ता मुस्करा के चले

मेरा नसीब कि हर बार वही हश्र हुआ
इलाज ढूँढने निकले तो चोट खा के चले

यूँ दिल में मेरे तेरी आरज़ू के सदक़े हैं
ये और बात है तुझसे नज़र बचा के चले

मुहब्बतों के सफ़र का बयान इतना है
रफ़ीक़ जितने मिले हमको आज़मा के चले

जुनूं में ज़िन्दगी गुज़री है हमारी यारों
ज़मीं के वास्ते हम आस्मां लुटा के चले

वो जिनको हमने सुनाये अज़ाब के क़िस्से
उदास हो के उठे पीठ थपथपा के चले

तमाम शब तेरी फुरक़त में भिगोई आँखें
चढ़ी जो धूप तो हम आस्तीं सुखा के चले

हाले-दिल सबको सुनाने की हमें आदत नहीं
ग़ैर की महफ़िल सजाने की हमें आदत नहीं

तुम भले ही मुस्कुराओ मेरी हर इक आह पर
तोड़कर दिल मुस्कुराने की हमें आदत नहीं

दर्द के मंज़र निगाहों से उठा लेते हैं हम
दर्द में आँसू बहाने की हमें आदत नहीं

आपकी एहसां-परस्ती अब सही जाती नहीं
क्या करें एहसां उठाने की हमें आदत नहीं

दोस्ती के नाम पर खाते हैं हम अक्सर फ़रेब
दोस्तों को आज़माने की हमें आदत नहीं

छोड़ जाएँगे पता मंज़िल का ख़ामोशी से हम
गर्द राहों में उड़ाने की हमें आदत नहीं

दौर कैसा भी रहा हो हमने काटा शान से
वक़्त पे तोहमत लगाने की हमें आदत नहीं

मेरी बेदारी के शिकवे पर कहा महबूब ने
'नींद आँखों से चुराने की हमें आदत नहीं'

अदीब शायरी का शौक़ निभाने निकले
हम अपने वक़्त का आईन सजाने निकले

घनी हुई जो ज़रा छाँव तो घर के बच्चे
गली में धूप की बस्ती को बचाने निकले

शब-ए-विसाल की सोचें के हिज्र की सोचें
हमें तो सोचना है तेरे दीवाने निकले

तेरा फ़िराक़ भी तस्कीन-ए-दिल हुआ आख़िर
गुबार कितने तेरे ग़म के बहाने निकले

पलट के देखा जो इक उम्र-ए-आशिक़ी हमने
ख़ुतूत कितने किताबों में पुराने निकले

लिया जो दौर-ए-तरक्क़ी का जायज़ा यारो
दसेक साल के बच्चे भी सयाने निकले

उदास हैं मेरे गाँवों की सरहदें बेहद
के जितने मर्द थे परदेस कमाने निकले

हँसी में मेरी न जाने उन्होंने क्या देखा
वो फिर से लामबंद होके सताने निकले

वो ज़ुल्फ़, तीरे-नज़र और तबस्सुम के हम
तमाम उम्र उनके नाज़ उठाने निकले

ये दर्दे-आखिरे-शब फिर तेरा पयाम लिए
रक़ीब जितने थे सब मेरे सिरहाने निकले

हुआ जो ख़त्म तमाशा तो लोग-बाग उठे
औ बात-बात पे फिर बात बनाने निकले

शौक़ से मेरे दिल को सज़ा दीजिए
बस ख़ता मेरी मुझको बता दीजिए

दिल ने लिक्खा है ख़त आपके नाम से
बाकरम आप अपना पता दीजिए

फ़िक्र अब क्या करें इश्क़ तुमसे हुआ
दीजिए अब वफ़ा या जफ़ा दीजिए

राज़ सब खुल गये बज़्म में आपके
अब तिलिस्मों से पर्दा उठा दीजिए

दर्दे-दिल रख दिया आपके सामने
अब दवा दीजिये या दुआ दीजिये

अंजुमन मेरी वीरान होने को है
अपने जलवों की रंगत दिखा दीजिये

ज़िन्दगी आपके नाम कर जायेंगे
मत हमें प्यार का वास्ता दीजिये

भूल जायेंगे हम सब सितम आपके
बस ज़रा देखकर मुस्करा दीजिये

तन्हा-तन्हा तेरी बातें
लम्हा-लम्हा भीगी रातें

लफ़्ज़ों के घर से ले आये
हम ख़ामोशी की सौगातें

जगमग दर्द जगातीं आतीं
तेरी यादों की बारातें

जाने कब ये उमस कटेगी
जाने कब होंगी बरसातें

ग़ैरों के हिस्से है चाहत
अपने हिस्से हैं खैरातें

बारिश से मिलने आये वो
लेकर तम्बू और क़नातें

किसने बाँटी हैं तक़दीरें
उनकी जीतें अपनी मातें

वतन के वास्ते आराम ख़ुद का छोड़ देते हैं
हैं सिज्दे उनको जो तारीख़ का रुख़ मोड़ देते हैं

हमें फिर आज उन आज़ाद जज़्बों की ज़रूरत है
मुहब्बत के लिए जो सारे बन्धन तोड़ देते हैं

सुनहरे ख़्वाब लेकर जब कभी भी नींद आती है
अँधेरी रात के साये हमें झिंझोड़ देते हैं

ग़रीबों और मज़लूमों को तुम कमज़ोर मत जानो
परिन्दे चोंच से मज़बूत कट्ठे फोड़ देते हैं

यक़ीनन खोजने होंगे हज़ारों बागबां हमको
मगर उनपर भी नज़रें हों जो शाखें तोड़ देते हैं

पकड़ना है तो क़ौमी एकता की नब्ज़ को पकड़ो
उन्हें पकड़ो जो पलभर में ही सबकुछ गोड़ देते हैं

सुनोगे कब तलक दिल तोड़ने वालों की तक़रीरें
चलो उनकी सुनें जो प्यार से दिल जोड़ देते हैं

रस्ते में तक़रार करो हो बाबूजी
गली-गली क्यों मार करो हो बाबूजी

मोटी पोथी बाँच-बाँच कर भी काहे
आँचा-पाँचा चार करो हो बाबूजी

ज़ात-पात और मज़हब की बातें करके
देश का बंटाधार करो हो बाबूजी

नयी सोच और नये ज़माने का होकर
सामन्ती ब्यौहार करो हो बाबूजी

कम्पूटर, मोबाइल पर बैठे-ठाले
इश्क़ और इक़रार करो हो बाबूजी

मर्द बने फिरते हो लेकिन औरत पर
कितना अत्याचार करो हो बाबूजी

ज़ाबिर के आगे रहकर तलवे चाटो
मज़लूमों पर वार करो हो बाबूजी

हम तो सच्ची बात बताएँ हैं ख़ालिस
हमसे काहे रार करो हो बाबूजी

मंज़िलें उनकी हैं अपनी रहगुज़र
बस यही है अपना हाल-ए-मुख़्तसर

माफ़ कर देता यक़ीनन वो मुझे
मुस्कुरा उठते न लब मेरे अगर

हुक्मरानों ने मुरव्वत छोड़ दी
अब कहाँ फ़रियाद का होगा असर

उनकी आँखों में न जाने क्या दिखा
चल पड़े हम अंजुमन को छोड़कर

हो गये हम ख़ुद से कुछ यूँ बेख़बर
हादसे आने लगे लेने ख़बर

उसकी आँखों में जो 'कुछ लम्हात' थे
आ बने आँखों में मेरी 'उम्र भर'

इश्क़ में हमने भी दामन भर लिया
ग़म ख़रीदे ख़ूब ख़ुशियाँ बेचकर

सुकूं रहता भी है रहता नहीं है
दिले-बीमार कुछ अच्छा नहीं है

कहूँ कैसे तेरी चारागरी का
असर होता भी है होता नहीं है

है यूँ तो दर्द जिस्मो-जां में मेरे
बताने को कहीं होता नहीं है

यकीं अब कौन किसको ये दिलाए
हक़ीक़त में कोई धोखा नहीं है

चमन में ख़ार भी उगते हैं गरचे
कोई माली उन्हें बोता नहीं है

ख़ुशी कुछ यूँ मुझे घेरे पड़ी है
मेरा दिल आजकल रोता नहीं है

सिखाए है वो ख़ुश रहने के नुस्ख़े
कोई कह दे ये दिल तोता नहीं है

सताना जब से छोड़ा उसने दिल को
ये दिल भी चैन से सोता नहीं है

न किया उससे कोई जाय बहाना यारों
हो दिल में दर्द तो मुश्किल है छुपाना यारों

मेरे नसीब में वीरानियाँ आबाद रहीं
मेरे नसीब का क़िस्सा है पुराना यारों

जो दोस्त कल थे वही आज हुए हैं दुश्मन
बदल रहा है बहुत तेज़ ज़माना यारों

कोई मुकाम नहीं मेरा पता कोई नहीं
है वो जहाँ पे वही मेरा ठिकाना यारों

इसी उमीद पे जाते हैं सहे उसके सितम
कभी तो छोड़ेगा वो हमको सताना यारों

बला का नाज़ है उस नाज़नीं के चेहरे पर
कोई सिखाये हमें नाज़ उठाना यारों

हैं बहुत इश्क़ के दुश्मन कि यहाँ मुश्किल है
बुरी नज़र से मुहब्बत को बचाना यारों

साहेब काटें बोटी-बोटी
अपने हिस्से सूखी रोटी

सूट-बूट फटकार के सोचें
कैसे छीनी जाय लँगोटी

एक राय हो लूटें दोनों
एक के दाढ़ी एक के चोटी

पब्लिक अपना रोना रोये
सत्ता की है चमड़ी मोटी

अफ़सर-सेठ बटोरें दमड़ी
नेता की नीयत है खोटी

चौतरफ़ा अन्धेर मचा है
लेकिन उम्र ज़ुल्म की छोटी

पल में राज बदल देती है
जनता के वोटों की सोटी

अक्सर तुझे तड़प के पुकारा करेंगे हम
तन्हाइयों में वक़्त गुज़ारा करेंगे हम

आँखों में जब खिलेगी उदासी की ज़र्द शाम
यादों की धूप दिल में उतारा करेंगे हम

बिखरेगी जब फ़लक की पनाहों में शबे-ग़म
ख़्वाबों में तेरा अक्स सँवारा करेंगे हम

तेरे सिवाय दिल में कोई आरज़ू नहीं
तेरी जुदाई कैसे गवारा करेंगे हम

अपनी नज़र थी और नज़ारा हमीं रहे
अब तेरी निगाहों से नज़ारा करेंगे हम

हैं दरमियां हमारे ज़माने की बन्दिशें
इन बन्दिशों से कैसे किनारा करेंगे हम

महबूब ज़िन्दगी के तकाज़े अजीब हैं
मुश्किल पलों में किसका सहारा करेंगे हम

याद रक्खा न उसे और भुलाया भी नहीं
राबिता उससे निभाया भी निभाया भी नहीं

बड़ी अजीब दिले-आशना की हालत है
उसे पाया भी नहीं और गँवाया भी नहीं

कहाँ तलाश करें उसको बड़ी मुश्किल है
वो चैन ले के गया लौट के आया भी नहीं

उसे भी वक़्त ने मसरूफ़ किये ही रक्खा
और हमने ग़मे-दिल उसको सुनाया भी नहीं

है फ़क़त उससे हमें एक शिकायत अब भी
हमें दीवाना बनाया भी बनाया भी नहीं

ख़फ़ा है हमसे वो पर ये तो कोई बात नहीं
एक अरसा हुआ दिल उसने दुखाया भी नहीं

यही अदा तो निराली है मेरे क़ातिल की
किया न क़त्ल मुझे और बचाया भी नहीं

तेरे ख़याल से ही भर गया मेरा दामन
दुआ का हाथ अभी हमने उठाया भी नहीं

महफ़िलें थीं जश्न थे और था धुआँ
तुम ही तुम चारों तरफ़ थे हम कहाँ

ग़म के साये में ख़ुशी की धूप थी
बढ़ रहा था ज़िन्दगी का कारवाँ

साहिलों से जब नहीं अपनी निभी
हमने मौजों पर बनाया आशियाँ

बाद मेरे उनको याद आयी मेरी
ढूँढ़ने निकले वो फिर मेरे निशाँ

थे जहाँ चेहरे गुलाबी कल तलक
आईने टूटे हुए निकले वहाँ

साज़ होंठों पर नमी आँखों में है
और इस दिल में है इक सोज़े-निहाँ

आँधियों से डर गये हैं कुछ चराग़
कुछ चराग़ों से डरी हैं आँधियाँ

हमीं से मोहब्बत छुपाए हुए हैं
ज़माने को अपना बनाए हुए हैं

बिठाया है दिल में उन्हें जबसे हमने
बिना बात तेवर दिखाए हुए हैं

दुआओं का इनपर असर कुछ न होगा
ये बुत बारहा आज़माए हुए हैं

फ़ज़ाओं से कह दो उजाले चुरा लें
वो चेहरे से पर्दा उठाए हुए हैं

ज़मीं पर नहीं हैं भले पाँव अपने
उन्हें हम फ़लक पर बिठाए हुए हैं

चलो आज फिर उनका दीदार कर लें
सनम फिर से काबे में आए हुए हैं

उधर वो कि ज़ुल्मो-सितम ढा रहे हैं
इधर हम कि ईमान लाए हुए हैं

मोहब्बत के भी कुछ तक़ाज़े हैं अपने
कहें कैसे तेरे सताए हुए हैं

कटेंगी जहालत की रातें यक़ीनन
मशाले-हुनर हम जलाए हुए हैं

वो अश्क़ जो तेरी आँखों में रुका रहता है
ग़मों का मेरे वहीं दर्ज़ पता रहता है

मैं ढूँढ़ता जिसे फिरता हूँ परेशान् नज़र
वो शख़्स दिल की पनाहों में छुपा रहता है

उदास दिल जिसे सुन-सुनके मुस्कुराता है
मेरी ज़बान पे हरदम वो क़ता रहता है

फ़लक पे जाके लौट आती है फ़रियाद मेरी
कोई बताए कहाँ पर ये ख़ुदा रहता है

जहाँ उदास तक़ाज़ों की शाम ढलती है
वहीं उम्मीद का सूरज भी उगा रहता है

रुला के मुझको मेरे फ़न को नूर देता है
मेरे ग़मों का भी अन्दाज़ जुदा रहता है

इस दिल को सहारे की ज़रूरत नहीं रही
कैसे कहें कि उनसे मोहब्बत नहीं रही

महफ़िल बग़ैर जिनके हमें नागवार थी
महफ़िल में हमीं से उन्हें निस्बत नहीं रही

जाने फ़लक ये अब ख़ुदा का घर नहीं रहा
जाने ख़ुदा में पहली-सी रहमत नहीं रही

अब उससे बेवफ़ाई का शिकवा भी क्या करें
उससे वफ़ा की अपनी भी नीयत नहीं रही

रीझे वो हम पे ऐसी अमीरी नहीं मिली
खा जाए तरस घर में वो ग़ुरबत नहीं रही

क्यूँ जाइए दैरो-हरम, दरगाह-ओ-आस्तां
जब दिल में किसी चीज़ की हसरत नहीं रही

खंजर उतार कर मेरे दिल में वो कह उठे
पीछे से वार करने की आदत नहीं रही

हमपे उन्हें हो नाज़ ये सोचा न था कभी
वो हो सकें हमारे ये क़िस्मत नहीं रही

अब एहतियात ले के करो इश्क़ की बातें
इस दौर में शो'अरा की हिफ़ाज़त नहीं रहीं

दूर होकर भी पास लगता है
तू मेरे साथ-साथ लगता है

आज शाखों पे परिन्दे चुप हैं
आज मौसम उदास लगता है

ज़ख़्म देकर जो दूर जा बैठा
वो मेरे दिल का ख़ास लगता है

मंज़िलें जब मुझे बुलाती हैं
हाथ में तेरा हाथ लगता है

तेरी यादों का आसरा मुझको
बेख़ुदी का लिबास लगता है

है अगरचे हमें यक़ीं तुझपे
दिल ज़रा बदहवास लगता है

रहता है शबो-रोज़ तेरा इन्तज़ार अब
आँखों से उतरता ही नहीं ये ख़ुमार अब

वादों पे तसल्ली न तग़ाफ़ुल पे कोई ग़म
शाइस्तगी का मेरे नहीं पारावार अब

आँखों में झाँककर लिए हाथों में मेरा हाथ
उसने कहा था हँस के चढ़ेगा बुख़ार अब

रख कर अदा के तीर निगाहे-कमान पर
करने चले हैं आशिक़ों का वो शिकार अब

इस दौर की सबसे बड़ी पहचान यही है
शाहों की महफ़िलों में लुटेरे शुमार अब

बदला है दौर दश्त के बदले सभी उसूल
माहिर-शिकार जो थे हुए हैं शिकार अब

कल भी थे ग़ैर आज भी ग़ैरों में है शनाख़्त
क्यूँ जाइए उस बज़्म में फिर बार-बार अब

घुटनों पे है सरकार रियाया के सामने
चलने लगी है मुल्क़ में उल्टी बयार अब

हम तो उनके वास्ते दुनिया से रुख़सत हो गये
और वो मय्यत पे मेरी चार आँसू रो गये

नाउमीदी ने हमें इतना सताया है कि हम
हसरतों की बज़्म में चेहरा छुपाकर सो गये

कुछ मेरी तक़दीर ने मुझसे किनारा कर लिया
कुछ मेरे ग़म-ख़्वार भी आँखों में आँसू बो गये

सूनी आँखों को दिखाए उसने जाने ख़्वाब क्या
तालियों के शोर में मुद्दे ज़रूरी खो गये

अपनी कुछ तालीम ही ऐसी हुई बर्दाश्त की
उसके सब इलज़ाम हम सीने पे अपने ढो गये

इस तरह कुछ उसने अपनी बेबसी की बात की
भूलकर शिकवे सभी हम फिर उसी के हो गये

एक तू है तेरी कहानी है
और क्या चीज़ ज़िन्दगानी है

फिर मेरा हाल पूछता क्यूँ है
बात अपनी ही जब सुनानी है

क्यूँ भला कीजिये गुरूर इसपे
दौलते-हुस्न आनी-जानी है

अब भला हो के फिर बुरा होवे
दोस्ती की है तो निभानी है

अब कहाँ पाइए इलाज इसका
ये ख़लिश मुद्दतों पुरानी है

चराग़ मेरे तसव्वुर के जगमगाने लगे
तेरे ख़याल मेरी अंजुमन में आने लगे

हिसाब अपनी हसरतों का अपनी चाहत का
उसे बताने में मुझको कई ज़माने लगे

मेरी नज़र से कुछ ऐसे मिली नज़र उनकी
मेरी नज़र से वो अपनी नज़र चुराने लगे

कभी मैं शब से कोई ख़्वाब ऐसा माँगूँगा
कि जब सहर हो मेरी ज़ीस्त मुस्कुराने लगे

करीब आ के अभी दिल को ताब है तेरी
न जाने कल कहाँ ये दिल मेरा ठिकाने लगे

वो हमपे फिर से मेहरबाँ है आजकल शायद
वो हमको फिर से बात-बात पर सताने लगे

उदास जब मेरे लफ़्ज़ों को फ़िज़ा करने लगी
मेरी ख़ामोशियों के तार झनझनाने लगे

सुना है जब से अदब इश्क़ से निखरता है
अदीब आशिक़ी में हाथ आज़माने लगे

फ़र्क़ कुछ अपनी फ़ितरतें होंगी
इश्क़ जब है तो हसरतें होंगी

एक तू है तो सब तक़ाज़े हैं
तू न होगा तो फ़ुरसतें होंगी

जब मुहब्बत का ज़िक्र आयेगा
वस्ल से पहले फ़ुरक़तें होंगी

पास तू था तो फ़ासले थे बहुत
दूर होगा तो क़ुरबतें होंगी

देखना वक़्त के पहलू में कहीं
अपनी ख़ातिर भी नेमतें होंगी

ये तो तय है जूनूँ की राहों में
हादसे हैं तो जुर्रतें होंगी

लफ़्ज़ ख़ुद दिल में उतर जायेंगे
जब तसव्वुर में वुसअतें होंगी

तू नहीं है तो क्या शराब तो है
दिल में ग़म तेरा बेहिसाब तो है

मैं तुझे भूल चुका हूँ कब का
हाँ मगर ज़िन्दगी ख़राब तो है

लाख बर्बाद किया तूने मगर
दिल ये उम्मीद से आबाद तो है

तू मेरा हाल पूछता क्यूँ है
मेरी चुप में मेरा जवाब तो है

तू जिसे बारहा कहता है गुनाह
इश्क़ मेरे लिए सवाब तो है

शब की वीराँ उदास आँखों में
आने वाली सहर का ख़्वाब तो है

ख़ूबसूरत भी बहुत है गरचे
ज़िन्दगी दर्द है अज़ाब तो है

तमाम शहर का क़िस्सा बना दिया मुझको
मैं क्या था और ये कैसा बना दिया मुझको

देखकर मुझको ज़माना ये मुस्कुराता है
इश्क़ ने तेरे तमाशा बना दिया मुझको

कहाँ ये उम्र शराफ़त से कटा करती है
तूने बेकार में अच्छा बना दिया मुझको

शजर नहीं न सही फूल बनाता मुझको
एक सूखा हुआ पत्ता बना दिया मुझको

मेरी तलाश में दरियाओं के तसव्वुर थे
लबों की प्यास ने सहरा बना दिया मुझको

जो दर्द मेरा तेरे दर्द से जा मिलता है
दरीचा कोई तसव्वुर की तरफ़ खुलता है

वो एक ढंग तेरा है कि चाक हो दामाँ
ये एक रंग मेरा है कि ज़ख़्म खिलता है

थी चाह मेरी मेरे लफ़्ज़ तेरे हों लेकिन
तू बारे-एहतियात होंठ मेरे सिलता है

अजीब है ये इत्तेफ़ाक़ हो शायद लेकिन
ऐ दोस्त तू मेरे दुश्मन से बहुत मिलता है

सवाल है कि इश्क़ क्या है, क्या कहूँ उनसे
ये वो शरर है, बुझाने से और जलता है

अदीब मेरा ग़मो-फ़िक्र की मटकी लादे
बरोज़-रोज़ नयी रहगुज़र पे चलता है

सदा-सी कोई लरज़ती है मेरे कानों में
बुला रहा हो कोई जैसे आसमानों में

उठे हुए हैं मेरे हाथ दुआ में यूँ तो
नहीं है शिद्दते फ़रियाद अब अज़ानों में

वो करते-करते मुहब्बत ज़रूरी चीज़ों से
शुमार हो चले हैं लोग भी सामानों में

लगा था इश्क़ का चस्का जिन्हें कभी अब वो
खपा रहे हैं अपनी उम्र इम्तेहानों में

है एक मसला जिसे लोग शहर कहते हैं
कोई भी घर नहीं मिलता है इन मकानों में

हो इल्मो-फ़न कि अदब हो कि फिर मुहब्बत हो
टँगी है पूरी फेहरिस्त अब दुकानों में

यक़ीं है नूर वो इक दिन उठेगा फ़न से मेरे
छुपेगा जाके आफ़ताब सायबानों में

तेरे बग़ैर भी यूँ तो क़रार रहता है
ग़मों पे दिल को अजब इख़्तियार रहता है

फ़िज़ा के रंग निगाहों में लिए फिरता हूँ
नई सुबह का मुझे इन्तज़ार रहता है

समाता देख आफ़ताब शब की बाँहों में
ज़रा सी देर उफ़क शर्मसार रहता है

भुलाना चाहता है मुद्दतों से दिल जिसको
ज़ुबाँ पे नाम वही बार-बार रहता है

वो जब भी चाहता है मुझको क़त्ल करता है
निशाना उसका मेरे आर-पार रहता है

लुटा के इश्क़ में चैनो-अमान की दौलत
ये दिल हमारा बहुत ख़ुशगवार रहता है

मैं ख़ुद को बार-बार करता हूँ तुझमें ख़ाली
तू मुझमें बार-बार बेशुमार रहता है

अगरचे ज़िन्दगी देता है वो मुझे लेकिन
मेरा नसीब उसी पर उधार रहता है

मेरी रगों में कशिश बनके लहू दौड़े है
मेरी नज़र में अदब का खुमार रहता है

मंज़िलों से खफ़ा-खफ़ा जैसे
मैं कोई एक रास्ता जैसे

तेरी आँखों से मेरी आँखों तक
दर्द का भीगा सिलसिला जैसे

मुद्दतें जिसकी आरज़ू में कटीं
वो मिला भी तो हादसा जैसे

ज़िन्दगी यूँ गुज़रती जाए है
वक़्त मुझमें रुका-रुका जैसे

हर्फ़ ठहरे हुए हैं होठों पर
ज़ब्त की मेरे इन्तेहा जैसे

यूँ हवाओं में खिली है नरमी
तुमने मौसम से कुछ कहा जैसे

तेरा ख़याल तसव्वुर में मेरे
यूँ उतरता है हो नशा जैसे

वो दिल अज़ीज़ भी है और है हरजाई भी
वफ़ा भी उसमें है थोड़ी सी बेवफ़ाई भी

कमाल हैं मेरे हमदम की सब करामातें
वो क़त्ल भी करे है और मसीहाई भी

है उसके नाम से कुछ ऐसी रफ़ाक़त मुझको
बड़ी अज़ीज़ लगे है मुझे रुसवाई भी

कहूँ मैं उससे ग़मे-दिल तो फिर कहूँ कैसे
वो दोस्त भी लगे है और तमाशाई भी

ये इश्क़ चीज़ ही ऐसी है कि आशिक़ इसमें
कभी ज़हीन दिखे है कभी सौदाई भी

वो दर्दे-दिल भी तसल्ली का सबब भी वो ही
वो सोज़े-तीरगी जज़्बों की रोशनाई भी

सवाल ये नहीं कि खो गये नज़ारे सब
सवाल ये है कि धुँधली हुई बीनाई भी

थे चार दिन मेरे हिस्से में मुहब्बत के फ़क़त
उसी में वस्ल था फुरक़त भी थी तन्हाई भी

कुछ उसकी याद ने तन्हा मुझे छोड़ा ऐसे
दूर दामन से मेरे हो गयी परछाईं भी

सरे महफ़िल उसे नाचीज़ से ही काम होना था
हमें बैठे-बिठाए मुफ़्त में बदनाम होना था

अमूमन रास्तों के हक़ में आयीं तोहमतें सारी
सफ़र की दास्ताँ में मंज़िलों का नाम होना था

यहाँ सब मुब्तिला हैं बुतपरस्ती में ज़माने से
मेरे सर पर ही गोया कुफ़्र का इलज़ाम होना था

जलाया अपना घर हमने तो उसकी इक वजा ये थी
मेरी बरबादियों से उनको कुछ आराम होना था

मेरे हिस्से तेरी नफ़रत, तेरे शिकवे, तेरे ग़म हैं
तेरे पहलू में मेरा भी तो कुछ सामान होना था

हमारी भी गुज़रती मौज से जैसे कि औरों की
फ़क़त हमको ज़रा फ़ितरत में अपनी ख़ाम होना था

ज़माने की नज़र में अपनी भी कुछ कद्र तो होती
मेरे सर पर किसी क़ाज़ी का कुछ ईनाम होना था

मुखौटों के सहारे जिसको ढाँपे जा रहे थे वो
हमें मालूम था चेहरा वो जल्दी आम होना था

फ़सादों को हवा देकर जो लौटे सदरे-जलसा घर
अचानक याद आया अम्न का पैग़ाम होना था

# नज़्में

## नज़्म : एक

मुस्कुराती हुई फ़िज़ा हो तुम
गुनगुनाती हुई हवा हो तुम
सर्द लम्हों में घुल रही जैसे
रेशमी धूप की अदा हो तुम
शाम हो जैसे जुगनुओं से भरी
या शबे-वस्ल की सदा हो तुम

आसमां है या तुम्हारा आँचल
ये घटा है या तुम्हारा काजल
अधजगी रात में बारिश जैसे
छनछनाती है तुम्हारी पायल
ये सबा है या तेरी ख़ुशबू है
ये नशा है या तेरा जादू है

है तेरा हुस्न ज़िन्दगी मेरी
है तेरा इश्क़ बन्दगी मेरी
तुझसे ये कायनात रोशन है
तुझसे मेरी हयात रोशन है
मैं जो दिल हूँ तू मेरी धड़कन है
तू मेरा ज़र्फ़ तू मेरा फ़न है

मेरी साँसों में जुस्तजू तेरी
मेरी आँखों में आरज़ू तेरी
तू मेरी चाहतों का मंज़र है
मैं हूँ सहरा तो तू समन्दर है
मैं ख़्वाब हूँ तू रंग है शायद
तू मेरे संग-संग है शायद

## नज़्म : दो

वो मेरे ग़म में मेरी हर ख़ुशी में शामिल है
कभी लगे वो मेरी ज़िन्दगी का हासिल है
अगरचे दिल में सवालात बहुत हैं मेरे
वो मेरा दोस्त है दुश्मन है या के क़ातिल है

क़रीब आके भी उसने न दिल पे हाथ रखा
नज़र मिला के भी प्यासा तमाम रात रखा
मैं कैसे करता बयाँ रौशनी की रूदादें
सजी हुई सी वही तीरगी की महफ़िल है

उदास बज़्म-ए-तसव्वुर है कोई बात चले
वो गरचे चुप है मगर मेरे साथ-साथ चले
जो दिल में है वो मेरी जुस्तजू का दरिया है
जो लब पे है वो मेरी तिश्नगी का साहिल है

वो कोई राज़ हो जैसे छिपा रहा हूँ मैं
वो कोई रस्म हो जैसे निभा रहा हूँ मैं
मैं उसके सामने कुछ बेज़बान हूँ ऐसे
वो जैसे मेरे गुनाहों की कोई मंज़िल है

मैं उसके रूबरू हूँ भी नहीं भी हूँ जैसे
मैं ये अज़ाब सहूँ भी तो फिर सहूँ कैसे
खिंचा है बीच में बेगानगी का इक परदा
नज़र नवाज़ मेरा मुझसे कितना ग़ाफ़िल है

## नज़्म : तीन

### तुम अपनी आँखों का ख़याल रखना

हमने अपने दिल की कश्ती
तुम्हारी आँखों की नदी में
उतार दी है
देखना अब वे तूफ़ान उठाएँगे
शोर मचाएँगे
मझधार की लहरों पर
साहिल से चिल्लाएँगे
हमारे डूबने की भरसक दुआ करेंगे
काश! कोई उन्हें इत्तला करे, समझाए
कि ये सफ़र ऐसा है
जिसमें तैरने वाले भँवर में जाते हैं
और डूबने वाले तर जाते हैं

हमने अपने दिल की कश्ती
तुम्हारी आँखों की नदी में उतार दी है
तुम अपनी आँखों का ख़याल रखना

## नज़्म : चार

### लहरें

मैं सोचूँ कैसे ये लहरा के इतने पास आती हैं
मैं सोचूँ ये नमी इतनी कहाँ से साथ लाती हैं
सुनहरी सुबहें हों पहलू में या फिर कत्थई शामें
उसी शिद्दत से दोनों को गले अपने लगाती हैं

फ़िज़ा में तैरती है वक़्त की तस्वीर जो कोरी
उफ़क से रंग लाकर उसके दामन को सजाती हैं
समो लें यूँ तो सारी अंजुमन अपनी पनाहों में
न जाने साहिलों को छू के क्यूँ शरमा-सी जाती हैं

उमड़कर चूमती हैं बादलों का रुख कभी यूँ तो
कभी फिर चाँद को आग़ोश में अपने बुलाती हैं
मुसल्सल जागना सदियों से जैसे इनकी फ़ितरत हो
मगर ये कश्तियों को अपनी छाती पर सुलाती हैं

बला का दर्द है सीने में इनके जज़्ब मुद्दत से
मगर जब देखिए आँखों ही आँखों मुस्कुराती हैं
ये साँसों की तरह हैं ज़िन्दगी का सिलसिला थामे
कभी सुनिए अगर ये दास्ताँ अपनी सुनाती हैं

# नज़्म : पाँच

**मायूस मौसमों से दामन मेरा बचाये**
वो सुबहें सन्दली-सी, वो सन्तरी-सी शामें
वो महफ़िलें अधूरी, वो बहसें आसमानी
वो ख़्वाहिशें रूहानी, मसरूफ़ ज़िन्दगानी
पीछे निकल गयी है, तारीख़ के सफ़ों पर
हल्के रंगों से कोई तस्वीर बन गयी है

पर तुम वही हो हमदम, राहों में साथ चलते
ख़ामोशियों से मेरी, कुछ इस तरह मुख़ातिब
कुछ यूँ नज़र टिकाए, होंठों की जुम्बिशों पर
लफ़्ज़ों की हर लरज़ से रिश्ता नया बनाये
जैसे जुबाँ पे मेरे, क़िस्से हो जाफ़रानी

दीदार के पन्नों पर इज़हार की अर्ज़ी थी
इन्कार के जुमलों में इक़रार की मर्ज़ी थी
कब वक़्त कहीं ठहरा, जज़्बों पे किसका पहरा
तुम कल भी राज़दां थे, तुम आज भी वही हो
शामिल-हयात मेरे, ग़म हो कि फिर ख़ुशी हो

उन गर्मियों की ख़ुशबू, उन सर्दियों की नरमी
बरखा की शोख़ बूँदें मुझको सहेजनी थीं
बीते हुए वक़्तों में गुज़रीं जो राहतें सब
मौसम की आहटें सब दिलनाज़ चाहतें सब
तेरे पते पे मुझको सौगात भेजनी थी
वो सहर भेजनी थी जो झील से उगती थी
एहसास से रोशन थी जो शाम, भेजनी थी

क्या-क्या न सहेजा था तेरे लिए सफ़र में
दामन मेरा भरा था यूँ दर्दे-रहगुज़र में
इक अंजुमन थी दिल में, इक दश्त था नज़र में
जिसमें ग़मों के घर से निकली हुई हँसी थी
बेनूर निगाहों में उम्मीद इक फँसी थी
गुम हो चुके सुकूं का इक ताज़ा वाक़या था
बेचैन तक़ाज़ों का क़िस्सा नया-नया था

गुझियों की महक भी थी, ठंडक वो चाय की थी
आमों का स्वाद लब पे कुछ आ रुका हो जैसे
तरबूज़ से निकले हों क़िस्से हज़ार जैसे
कुछ ख़ार थे अगरचे इस गुलसिताँ में अपने
दहलीज़ पे जज़्बों की जागे हुए थे सपने

यूँ भी नहीं कि सबकुछ राहों में खो गया है
यादों का कारवाँ इक हमराह हो गया है
लगता है ज़िन्दगी पर कुछ सलवटें रुकी हैं
चेहरे पे मेरे टिमटिम आँखें टिकी-टिकी हैं

अब दिल को हसरतों की परवाह भी कहाँ है
सच जो नहीं है ये सब तो झूठ भी कहाँ है

इक अरसा यूँ तो गुज़रा साँसों को ताब देकर
हम मुस्कुरा रहे हैं इल्ज़ाम सर पे लेकर
अब भी सुकूँ है दिल को तुम हमनवा हो मेरी
तुम अब भी चल रही हो हाथों में हाथ डाले
काँधे पे सर टिकाए मुझको गले लगाये
तन्हाइयों में जैसे अपना जहाँ बसाये
सुनते मेरे फ़साने, इस और उस बहाने
मायूस मौसमों से दामन मेरा बचाये

## नज़्म : छह

**रास्ता जो ज़िन्दगी की ओर खुलना था**

ज़माने भर की बातों में
वो अफ़साना भी शामिल था
कि जब हाथों में मेरे काँपती
तेरी हथेली थी
नज़र में फूल थे मेरे खिलाए
और गालों पर उजाले थे फ़िज़ा के
आप ही महके हुए
तनहा ख़यालों से
ज़बाँ पर एक चुप थी टूटती-सी
मुस्कुराती-सी
जिगर में फूटते-उठते सवालों से
परीशां हो

कि जैसे रंग कोई
उम्र भर को लग गया था
सुर्ख़ वो तेरी हथेली पर
कि जैसे रोग कोई
धड़कनों की धार में

बस रुक गया-सा था
नहीं जिसका कोई चारा

वो कहने को तो सब
धुँधली हुई यादें, सभी बातें
मगर वो रास्ता
जो ज़िन्दगी की ओर खुलना था
खुला था
और हम सदियाँ बिताकर आ गये थे
जैसे लम्हों में

अभी भी सोचता हूँ मैं
कि जैसे मेरे हाथों में
हथेली है तुम्हारी काँपती-सी
और मौसम में खिले हैं
रंग खुशबू बन
कि जैसे रास्ता
जो ज़िन्दगी की ओर खुलना था
खुला है

## नज़्म : सात

**ये गर्म हवा कुछ कहती है**

ये गर्म हवा, ये सर्द फ़िज़ा
कुछ कहती है, कुछ कहती है
नफ़रत के शहर, ज़ुल्मत के निशाँ
आबाद हुए जाते हैं अब
वादों की ज़बाँ, धोखों के बयाँ
होंठों-होंठों साया हैं अब

बस्ती-बस्ती अब खाक़ रुकी
आँखों-आँखों में धुन्ध उठी
उससे छुपना वाजिब भी नहीं
उससे बचना मुमकिन भी नहीं
हालात बदलने होंगे ही
एहसास के औज़ारों से अब
जज़्बात के हथियारों से अब

तहज़ीब के ये बासी जुमले
ताबीज़-तरक्की के नुस्ख़े
ये सब्ज़ बाग, छल-छद्‌म-कपट
सब दुश्मन की तैयारी है
जैसे जनता बेचारी है
ये कारोबार पुराना है
सब सेठों का बैनामा है

सब लूट-पाट के हथकंडे
गद्दी-गद्दी बैठे गुंडे
लोफ़र-लंपट, ठग-बटुक-मार
जाहिल-लहकट और मुस्टंडे
रत्ती भर माल-मलाई को
जूता ढोते ये चाटुकार
इनसे ये मुल्क बचाना है
उठकर आवाज़ लगाना है

ये जंग है रोज़ी-रोटी की
ये जंग है खेत-किसानी की
जंगल, ज़मीन और पानी की
डर-खौफ़-ख़ाम के बरख़िलाफ़
तेवर की और रवानी की
चाहत के सच्चे मोती की
ज़िन्दा कौमों की मिट्टी की

अरमानों के आकाश और
अमनो-अमान की धरती की
आँखों में ज़िन्दा सपनों की
ग़ैरों के मुख़ालिफ़ अपनों की
सपनों के लिए लड़ना होगा
जीने के लिए मरना होगा

## नज़्म : आठ

**तारीख़ हमें साथ लिए जाती है**

तारीख़ हमें साथ लिए जाती है गोया
रस्ते में तखैयुल के
कई शहर हैं आबाद माज़ी के
कई गाँव जो रोशन हैं
गुफ़्तगू से हमारी
हैं दश्त कई दूर तलक
जिनको सजाया है कभी हमने
हँसी-खेल में
ख़्वाबों के उगाकर शजर
जज़्बात के चश्मे हैं उमड़ते हुए
झरने हैं फ़िक्रमंदियों के झरते हुए
दिल में हमारे
कि जैसे एक-दूसरे को बचाना हो
हमें
गर्दिशे-हालात से
भीगे हुए एहसास से
देनी हो तसल्ली
मुश्किल भरी राहों में

ये रहगुज़र तमाम
जो मंज़िल की तरफ़ बढ़ती हुई
लगती हैं गुमसुम
जैसे कि ज़िन्दगी कभी
मक़सद से बिछड़ जाय
जैसे कि तसव्वुर से
कोई मुद्द'आ छिन जाय ज़रूरी
जैसे कि तक़ाज़ों का सिला
कुछ न मिले इश्क़ में
माशूक़ की जानिब से ताउम्र दीवाने को

हम फिर भी चले जाते हैं
इक तारीख़ की तस्वीर बनाते हुए
उम्मीद के पन्नों पर
अरमान के रंगों में डुबोए हुए
लफ़्ज़ों की उँगलियाँ
जैसे कि ये भी कम नहीं
हासिल कमाल
दौरे-सफ़र कुछ नहीं बाक़ी मलाल

जबकि है हमराह कोई
हमनवा, हमराज़ सफ़र में
कि जहाँ लफ़्ज़ हैं अपनी जगह
ख़ामोशियाँ भी बोलती जाती हैं दूर तक
ग़मों की रात में

ख़ुशियों के जलाती दिये
दुनिया से भी वाबस्तगी का लुत्फ़
मेरे दिल में जगाती हुई
रखती हुई एहसास की चौखट पे नर्म पाँव
हम ख़ुश हैं बहुत अब
कि ख़ुशी की तलाश में
जाना न किसी राह
होना न किसी देस
रहना न किसी साथ
तारीख़ हमें साथ लिए जाती है गोया

# नज़्म : नौ

**मौसम के ताज़ा गुलाब**

तुम्हारी ख़ामोशियों में
मुस्कुराते हैं मेरे अल्फ़ाज़
और तुम्हारे गालों पर खिल उठते हैं
मौसम के ताज़ा गुलाब
हम जानते हैं
कि ये वो मौसम है जो
पूरी सदी रहेगा
हमारे ख़्वाबों और ख़यालों को
करता हुआ पुरशबाब

## नज़्म : दस

**तहज़ीब के नाम पर**

उनके झूठ से हमारे सच
उनकी नफ़रतों से हमारी चाहतें
उनके धोखों से हमारे ख़ुलूस
जीत नहीं सकते
क्यूँकि उनके चेहरों पर हैं मुखौटे
और उनकी बातों पर है
तहज़ीब का वरक
वे तहज़ीब के नाम पर
बना डालेंगे इस मुल्क को नरक
जहाँ प्यार-मोहब्बत
सच और ख़ुलूस के लिए
नहीं होगी कोई जगह
नहीं होगी दरअसल
मुस्कुराने की कोई वजह